DISCOURS

PHILOSOPHIQUE, CIVIL,

POLITIQUE ET MILITAIRE.

DISCOURS

PHILOSOPHIQUE, CIVIL,

POLITIQUE ET MILITAIRE,

PRÉSENTÉ

A la Garde nationale de Paris, à celle des Départemens et aux Troupes de ligne;

Par P. C. DE LA ROCHE,

Ex-Professeur de Belles-Lettres.

Non de me, sed de victoria loquor.

A PARIS,

DE L'IMPRIMERIE DE PLASSAN.

SE TROUVE

Chez les Marchands de Nouveautés.

1815.

AVANT-PROPOS.

MALGRÉ que Henri IV, d'heureuse mémoire, eût par sa naissance et ses vertus le droit d'occuper un trône que dispute aujourd'hui l'Empereur des Français, il n'est pas moins vrai de dire que ce bon Henri se vit forcé, pour le conquérir, d'avoir recours à son épée.

NAPOLÉON, se trouvant aussi dans le même cas, et voulant, comme Henri IV, après vingt ans de malheurs, de combats et de gloire, s'occuper de la félicité de son peuple, ne craint pas de se mettre en mesure, afin de repous-

ser vigoureusement la force par
la force.

S'il eût dépendu de notre Empereur de substituer, au lieu du
fléau de la guerre des temps moins
orageux, assurément il s'y serait
prêté de bonne grâce; mais il entre dans le plan des Puissances
alliées, de vouloir nous contrain-
dre à supporter toutes les horreurs d'une guerre sans exemple.

Je dis sans exemple; parce
qu'il est inoui que des *Etrangers*
prétendent, en dépit de la raison,
imposer des lois à un peuple libre.

Je le demande? de quel œil re-
garderaient-ils les Français, si ces
derniers allaient professer ouver-

tement, à cinq ou six cents lieues des contrées qui les ont vu naître, le droit abominable de la force ? N'auraient-ils pas raison de dire que nous sommes fatigués de jouir des douceurs du repos ; qu'entièrement armés contre le genre humain, nous ne nous plaisons que dans les troubles, n'aimant, contre le vœu de la nature, qu'à combattre et qu'à détruire.

Le Peuple français, par l'organe de son Chef, a demandé que la paix, cette consolatrice des nations, étendît ses rameaux sur la surface du globe ; cette proposition bienfaisante a été rejettée : il paraît même que les troupes coalisées ne s'organisent lentement, que pour mieux développer leurs forces et assujettir la France à de plus grands maux.

Quoique la soif , la faim , les périls ayent souvent éprouvé le courage de nos vieilles troupes, il nous en reste encore assez pour former une masse redoutable , dont l'ardeur impatiente n'aspire qu'au titre de héros.

L'intrépidité qui les guide, le mépris qu'ils ont pour la mort , cet amour sacré de la patrie , cet enthousiasme qui les excite, sont autant de vertus enflammées qui semblent agrandir l'ame de nos guerriers.

Quoiqu'il en arrive , et puisqu'il faut nécessairement en venir aux mains, dès que la trompette guerrière donnera le signal des combats , je commencerai d'invoquer , en faveur de mes frères d'armes, la sagesse de *Minerve*, la puissance de *Jupiter* et la valeur de *Mars*.

DISCOURS

PHILOSOPHIQUE, CIVIL,

POLITIQUE ET MILITAIRE,

Présenté à la Garde nationale de Paris, à celle des Départemens, et aux Troupes de ligne.

~~~~~~~~~~~~~~~~

MES FRÈRES D'ARMES, (1)

En payant mon tribut d'admiration et d'amour à l'illustre exilé de l'île d'Elbe, j'étais loin de soupçonner qu'à son heureux retour en France, la calomnie s'empresserait de flétrir les attributs de sa gloire. Ne semble-t-il pas que tout ce qui porte le caractère de l'héroïsme doive accabler notre faiblesse, tant nous sommes petits auprès des grands hommes ; mais leur condition est trop au-dessus des ames
~~~~~~~~~~~~~~~~

vulgaires, pour qu'on puisse étouffer en eux cette ardeur sacrée qui les anime pour le salut de la patrie. J'ai honte de le dire ; malgré qu'ils reçoivent des hommages, et qu'ils fassent tout pour éviter l'animadversion publique , combien d'acharnés détracteurs ne s'attachent-ils pas à leur destinée? Plus une licence de cette nature est inexcusable , plus on doit se hâter d'en arrêter le cours.

Je vais faire en sorte de donner à mon sujet tout le développement dont il est susceptible , sans chercher à l'appuyer par d'insignes mensonges. L'imposture n'a servi dans tous les lieux , comme dans tous les siècles, qu'à précipiter les nations dans des gouffres de maux.

J'en appellerai d'abord aux cris spontanés des peuples, qui , du nord au midi , expriment le besoin d'être gouvernés par un grand homme. J'articulerai ensuite que l'autorité de ces mêmes peuples ne peut être mise en question, jouissant du privilège de créer et de détruire.

Or, puisque la majeure partie se déclare en faveur de mon héros, et que toutes les convulsions politiques ne sauraient anéantir leurs vœux, une basse crainte ne doit point arrêter ma plume.

Les hommes de lettres quand ils mettent au grand jour leurs pensées, s'élèvent au niveau des hommes qui gouvernent. L'autorité de ces derniers n'en devient que plus sûre, lorsque les princes et les peuples sont également éclairés.

Mes frères d'armes, en vain prétend-on que la nature, cette mère commune, n'avait pas créé notre Empereur, qui ne peut être surpassé que par son génie, pour se saisir d'un sceptre auquel est attaché le droit de commander et de défendre. En vain prétend-on qu'il n'était point ce qu'on appelle d'une naissance assez illustre pour figurer parmi les rois.

Ce n'est pas tout, on s'est permis de supposer qu'il était impossible de soutenir un grand titre, tel que celui de potentat, sans qu'un nom auguste fût consigné depuis long-temps, d'une manière honorable, dans les fastes de l'histoire : *risum teneatis amici*.

Des personnes qui ne pouvaient approfondir ses vastes desseins l'ont accusé d'avoir eu l'ambition absurde de devenir le souverain de tous les états de l'Europe. Comme un autre Alexandre, auquel la flatterie donna le nom de grand, il n'a pas porté ses conquêtes chez des nations qui ne furent jamais ennemies de la sienne : favorisé par la victoire, il voulut remplir une partie du globe du bruit de ses exploits, comme le firent, jadis, les *Hercule* et les *Thésée*. S'il brûla d'envie de rendre ses troupes invincibles, et de signaler leur vaillance, ce feu héroïque, dont la chaleur se communiquait à tous ceux qui combattaient près de lui, ne saurait être blâmable. Qui ne sait, d'ailleurs, que lorsque la patrie est entourée d'ennemis implacables, toujours prêts à devenir ses agresseurs, on doit combler de gloire les soldats qui la défendent, et respecter un guerrier qui, dans presque toutes ses campagnes, donna des exemples de sa modération, après avoir fait connaître au monde la supériorité de ses armes.

Pour ajouter encore à son tableau des couleurs propres à noircir davantage sa réputation, on n'a pas rougi d'alléguer que, sous le prétexte toujours spécieux de vouloir défendre la cause des peuples, il organisait sous main la guerre civile.

Certes, voilà des hypothèses horriblement outrées. Dégrader un héros au-dessous de la qualité d'homme, lui prêter une façon de penser aussi basse que criminelle, le ranger enfin dans la classe des *Tibère*, des *Philippe II*, des *Pierre-le-Cruel,* n'est-ce pas véritablement sacrifier à l'imposture? n'est-ce pas appeler à soi tous les poisons de la haine, du désordre et de l'anarchie? n'est-ce pas sonner le tocsin, donner partout le signal du meurtre et du carnage?

Que dirai-je des absurdités débitées sur son droit au trône? Si je les pèse dans la balance de la raison, d'un côté, le mépris est l'unique sentiment qu'elles doivent inspirer; de l'autre, il faut les regarder plutôt dignes de pitié que de colère. Toutefois, je me permettrai de rappeler à ces esclaves de la routine, que conduit la rage des partis, les quatre vers suivans :

Les hommes sont égaux, ce n'est pas la naissance
C'est la seule vertu qui fait leur différence.
Le premier qui fut Roi fut un soldat heureux ;
Qui sert bien son pays n'a pas besoin d'ayeux.

Assurément, le siècle de NAPOLÉON est trop éclairé, pour qu'on ignore que le hasard, heureux ou malheureux, procure la naissance, les vertus guer-rières, l'immortalité.

Sans doute, il n'appartient qu'à l'orgueil généreux de s'élancer à la gloire par de hauts faits : ceux de NAPOLÉON, qui ont brillé de tant d'éclat, rendraient-ils son existence plus coupable, aujourd'hui qu'il cherche à nous affranchir des nouvelles chaînes que les phalanges ennemies se croyent en

droit de nous imposer ? S'il était possible qu'on dût outrager ainsi le maître
de nos destinées, la nation française se
montrerait bien ingrate et bien injuste
envers son libérateur ; elle prostitue-
rait et son nom, et sa gloire, qui se
verraient bientôt frappés du même
opprobre que le crime. (2)

Je ne dois pas craindre de m'expli-
quer : les gens nobles, je veux parler
de ceux qui comptent au moins seize
quartiers, et dont la plupart s'imaginent être de nouveaux atlas, faits pour
relever un trône renversé, en émet-
tant auprès de Louis XVIII l'expres-
sion sincère, peut-être même simulée
de leurs sentimens pour lui, et en
s'opiniâtrant dans leurs prétentions
incorrigibles, ont précipité du trône
les descendans des *Capets.* Beaucoup
de ces courtisans, qui se croyent pé-
tris d'un limon plus pur que celui des

autres hommes, se trouvant aujour-
d'hui dans la nécessité de rabattre de
leur orgueil, persistent néanmoins,
ainsi que les prêtres, ces *busiris* en
soutane, ces pasteurs indignes du nom
de chrétiens, à vouloir faire regarder
NAPOLÉON comme un tyran abominable, indigne de régner.

Mes frères d'armes, ce serait entrer ici dans une carrière trop éten-
due, que d'oser embrasser tout ce
qu'ont fait naître d'odieux, dans presque tous les siècles, la noblesse et le
clergé. Ce dernier, mesurant toujours
son zèle au profit qu'il en retire,
n'eut jamais d'objet plus à cœur que
celui de satisfaire sa cupidité. Non
moins insatiable que turbulant, aussi
jaloux qu'avide, il croit se faire une
gloire de se montrer à la fois juge
et bourreau, ainsi que les tribunaux
monstrueux de l'inquisition en Es-
pagne.

Ministres de l'Éternel, vous qui ne devriez avoir qu'un caractère de clémence, craindriez-vous d'imiter *César* et *Auguste*, qui tantôt pardonnaient les offenses, et tantôt modéraient les châtimens? Pourquoi substituez-vous à la douceur bienfaisante qu'inspire la religion, je ne sais quel fanatisme, quelle audace, quel égarement, qui excitent les murmures, et vous font regarder comme de vils corrupteurs de la foi. Plus on réfléchit sur votre conduite abominable, et moins on peut deviner quel vertige d'inhumanité vous possède, lorsque par un abus insigne du pouvoir sacerdotal, vous n'avez pas honte de flétrir les noms sacrés de justice, d'amour de Dieu, de tolérance. Je n'ai pas la force de vous tracer ici le tableau de toutes les horreurs décrites dans l'épouvantable relation des vêpres siciliennes. Il me suffira de vous dire qu'au milieu de ces lugubres images, de ce sanglant spectacle, plus de huit mille français expirèrent, par vos or· dres, sous le couteau du parricide.

Si je voulais fouiller dans l'histoire des âges, elle m'apprendrait que ce fut toujours pour appaiser un Dieu de paix, qu'à l'imitation de Mahomet, vous avez fait périr plus de créatures que les ministres de toutes les religions ensemble n'en ont jamais immolées.

La religion, on le sait, est un des plus grands mobiles qui dirige les hommes. Dégagée de tout fanatisme, de toute superstition, elle doit être regardée, en politique, comme la souche du bonheur universel ; mais prétendre que ce que la nature et la raison approuvent dans les cultes divers, est abus et crime sans l'approbation de la religion chrétienne, c'est vouloir calomnier toutes les sectes, c'est vouloir insulter à tous les peuples du monde. Ne se persuadera-t-on jamais que lorsque l'hommage du cœur est sincère, l'ame doit être tranquille, et qu'il y a toujours de l'injustice à tyranniser les consciences ?

En nous rapprochant des âges, du temps et des circonstances, d'un côté nous voyons des despotes, de l'autre des esclaves; ici des dévastations, là des meurtres, et plus loin des supplices. Du sein de ce cloaque épouvantable de misères et de crimes, au milieu de tant d'horreurs et de tant de démences, s'il s'élève quelquefois des ames privilégiées, des philosophes, en un mot, qui osent se montrer les idoles du vrai, par conséquent les ennemis du mensonge, des hommes hérissés de difficultés théologiques,

des docteurs arrogans, les accusent
d'impiété au tribunal de l'Éternel.
Pour comble d'outrage, ces sicophan-
tes, qui n'attendent que l'occasion de
se venger, ne rougissent pas d'ajouter
que les *Marius* ainsi que les *canni-
bales* se sont moins illustrés par leurs
crimes, que ceux qui tonnent contre
les abus multipliés d'une religion qui
devrait imposer silence aux clameurs
hypocrites des ministres qui la prê-
chent.

Mes frères d'armes, pourquoi faut-
il qu'une expérience journalière nous
mette à même de nous convaincre que
les apôtres sacrés et prophânes de
Stanislas-Xavier, qui ne respirent que
haine, qui ne cherchent qu'à s'abreu-
ver du sang de leurs victimes, se
tournent et se retournent de mille
manières, pour faire restituer au petit-
fils du bon Henri le trône sur lequel

il s'est momentanément assis, et qu'il a perdu par sa faute?

Si l'on me demande, comment? je n'hésiterai point à répondre qu'il aurait dû se comporter moins en souverain absolu qu'en père éclairé et conciliateur, qu'il s'est écarté des maximes générales d'un vrai pacte social. Il est hors de doute que puisque la souveraineté réside dans le peuple, ses propriétés et les personnes doivent être à l'abri de toute espèce d'attentat, soit de la part de ceux qui gouvernent, soit de la part de ceux qui sont gouvernés.

Louis XVIII n'est pas pardonnable d'avoir voulu recourber son peuple sous le joug de la tyrannie féodale, en donnant à la France une constitution non approuvée par le consentement unanime des citoyens, ou plutôt de leurs représentans.

Ce n'était pas ainsi que se comporta en 1596 le bon Henri IV, lorsqu'à l'ouverture de l'assemblée des notables, il prononça le discours que nous mettons sous les yeux du lecteur :

« Si je faisais gloire, *dit-il*, de pas-
» ser pour un excellent orateur, j'au-
» rais apporté ici plus de belles paroles
» que de bonne volonté; mais mon
» ambition tend à quelque chose de
» plus haut que de parler. J'aspire aux
» glorieux titres de libérateur et de
» restaurateur de la France..... Je ne
» vous ai point ici appelés, comme fai-
» saient mes prédécesseurs, pour vous
» obliger d'approuver aveuglément
» mes volontés; je vous ai fait assembler
» pour recevoir vos conseils, pour les
» croire, pour les suivre, en un mot,
» pour me mettre en tutelle entre vos
» mains. C'est une envie qui ne prend
» guère aux rois, aux barbes grises et

» aux victorieux comme moi; mais l'a-
» mour que je porte à mes sujets, et
» l'extrême désir que j'ai de conserver
» mon état, me font trouver tout fa-
» cile et tout honorable. »

La réponse que fit encore le bon
Henri à M. de Vassenaër, envoyé par
la république de Hollande , pour
demander à ce prince quels motifs
le portaient à entrer en armes dans les
Pays-Bas , est également susceptible
d'être consignée dans cet écrit; la voici:

« Le choix que les états-généraux
» ont fait de vous, monsieur, ne pou-
» vait que m'être très-agréable, par la
» connaissance que j'ai de vos qualités
» personnelles. Toutes mes démarches
» envers votre république, depuis mon
» avènement à la couronne, ont dû
» vous prouver combien je désirais en-
» tretenir avec elle une sincère amitié
» et une parfaite correspondance; j'ai

» fait connaître assez long-temps mon
» inclination pour la paix; mais plus
» j'ai différé la guerre, moins j'en sus-
» pendrai les effets. Mes ministres me
» feront le rapport de la commission
» dont vous êtes chargé, et après l'a-
» voir communiqué à mes alliés, je
» ferai savoir à vos maîtres quelles
» sont mes dernières résolutions. » Je
reviens à mon texte :

Soyons de bonne foi : tout prince
qui se fait un jeu d'enfreindre les pré-
rogatives de la liberté publique, d'oser
même insulter jusques aux mœurs du
siècle par des actes illusoires, mérite-
t-il qu'on se pénètre à son égard du
moindre sentiment d'amour et de tendresse ?

Pour peu qu'on réfléchisse sur la
constitution impolitique de Louis-Stanislas-Xavier, difficilement pourra-t-
on concevoir pourquoi les auteurs nés

de la loi, ces représentans de la nation,
n'ont pas été appelés à délibérer, à
examiner les réservations mentales
d'une charte qui fourmille de termes
captieux ; aussi n'a-t-elle trouvé d'a-
pologistes que parmi ceux qui l'ont
rédigée. Les bases sur lesquelles ses
principes reposent, ne présentent à
l'esprit de tout être qui raisonne, qu'un
amas d'entortillages, que la prudence
et la sagesse auraient dû écarter, pour
en prévenir les funestes conséquences.

Mes frères d'armes, il était donc
écrit que Louis-Stanislas-Xavier ne
devait pas tenir la promesse qu'il avait
faite de gouverner ses états comme
Louis XVI, sous le règne duquel nous
avait été donnée la belle constitution
de 1791 ? Je m'étais toujours persuadé,
et j'avais lieu de le croire, ainsi que
tout le monde, que la parole des têtes
couronnées était tout à la fois invio-

lable et sacrée ; mais je reviens de mon erreur, et je me vois forcé de me ranger du parti d'Horace, en m'écriant avec lui : *quidquid delirant reges!*

Tyrans de leurs sujets, fléaux de l'univers,
Cent Rois aux nations n'ont donné que des fers.

Sans contredit, il faut des mains aussi habiles que puissantes, pour manier avec succès le timon des états ; mais la duplicité, je ne puis m'empêcher de le dire, est on ne peut pas plus odieuse ; sans contredit, il faut sur le trône une supériorité d'esprit capable d'embrasser un grand ensemble, pour en supporter les pénibles travaux ; mais ces qualités deviennent souvent funestes, si elles n'ont pour objet de faire respecter les droits de l'homme en société. Jamais la faiblesse, ni l'orgueilleuse inflexibilité d'une tête quelconque, fût-elle même ceinte du bandeau royal, ne produisirent aucun bien : au lieu d'affermir les empires, elles préparent presque toujours leur ruine.

Considérer les choses, non seulement dans leur principe, mais encore dans leur effet, ne donner rien au hasard, récompenser généreusement, punir avec sévérité, disposer des moyens d'une manière louable, ne pas regarder la prudence comme un don vulgaire, savoir opposer la force à l'audace, le courage à l'orgueil, ne signaler jamais son zèle par un esprit de contradiction, se rappeler sans cesse que les erreurs politiques font le malheur des empires ; pour tout dire en un mot, ne joindre jamais l'abus au droit de commander, voilà la tâche pénible à laquelle sont assujettis ceux qui gouvernent le monde. D'après ces maximes, il est donc évident que les grands intérêts exigent, dans une pareille circonstance, que

l'autorité ne soit jamais confiée à des
cœurs bas et corrompus, attendu qu'ils
ne sont nullement susceptibles de cette
grandeur d'ame qui caractérise l'héroïsme.

Toutes les vertus d'éclat, qu'on
soupçonne capables d'exciter et l'é-
tonnement, et l'admiration, prennent
toujours leur source dans cette iné-
branlable fermeté qui se roidit contre
les obstacles, dans cette intrépidité sou-
tenue qui nous place au rang des dieux,
et qui ne craint ni le fer, ni le feu, ni
la foudre. Il est reconnu que l'amour
de la patrie, celui de son prince, sont
deux vertus d'un si haut prix, qu'elles
exigent de nous les plus grands sacri-
fices. Il faut toujours se rappeler que
le sang répandu pour le salut de l'état,
en nous donnant des droits à l'immortalité, doit nous faire regarder comme
de nouveaux Spartiates, et couvrir

de gloire ceux qui, dans les combats
expirent triomphans.

Mes frères d'armes, les puissances
alliées ont sans doute cru nous faire
trembler, en publiant, dans leurs pa-
piers-nouvelles, qu'elles mettraient
sur pied neuf cents mille hommes,
et que nous serions contraints, ainsi
que tous ceux qui sont gouvernés par
Napoléon, de céder à la destinée que
l'étranger nous prépare. Sans doute,
elle serait affreuse cette destinée, et
trop humiliante pour la France ; mais
qu'ils viennent, ces nouveaux Attila,
nous nous mesurerons dans l'art de
vaincre, et sans calculer l'activité de
leurs forces, nous verrons lequel des
deux partis se signalera sur la brêche
ou dans un champ de bataille : quoique guidés par des chefs courageux,
et dont la haine devient de plus en plus
irréconciliable contre la France, ils

apprendront, si le brave, si le grand homme de guerre, que nous avons vu souvent commander au hasard, et qui donna des préceptes guerriers aux généraux comme aux soldats, est capable de moissonner encore des lauriers, et d'ajouter quelques fleurons de plus à sa couronne. Son nom et son glaive valent au moins une armée.

Mes frères d'armes, nous ne formons dans l'état qu'une seule et même famille ; conséquemment nous devons le servir. Armons-nous de courage, et puisque nous sommes tous également menacés, redoublons aujourd'hui d'efforts, pour que les chaines de l'oppression ne s'étendent pas sur nous ; le prix le plus glorieux qu'on puisse attendre de la victoire, c'est de mourir en soldat ; souvenez-vous aussi que la fière Albion, depuis plus de cinq siècles, a mis tout en usage pour abais-

ser notre commerce, en se déclarant
à la fois notre ennemie et notre rivale.
Semblable à Carthage, qui, dans les
jours de sa gloire, voulut conquérir
l'empire du monde, si elle cultive sa
marine, si elle équipe des flottes, ce
n'est pas seulement pour mieux cimen-
ter sa richesse et sa grandeur, ce n'est
pas seulement pour s'élever au plus
haut point de gloire et de puissance;
mais c'est surtout pour assujettir les
autres nations sous un joug humiliant,
qu'aucune ne pourra supporter, si ce
n'est des nations féodales, qui consen-
tiront à joindre ainsi à la servitude
territoriale le joug de l'étranger.

Si jamais la France pouvait souffrir
que des pouvoirs rivaux s'élevassent
au sein de son empire, sans doute
elle mériterait son sort; mais non, elle
ne veut connaître désormais que ce
qui s'appelle un dieu, une loi, une

force, une puissance, telle que celle qui nous régit.

Quoique l'Angleterre manifeste des sentimens qui se rapprochent de la haine ; quoiqu'on voie flotter sur les vaisseaux de ces fiers insulaires les étendards toujours croissans d'une liberté d'autant plus avantageuse, qu'elle leur procure le titre de *rois de la mer*, qu'ils ne s'imaginent pas que les Français souffrent impassiblement qu'on fasse pencher à leur honte la balance de l'Europe.

Les lois dures sont faites pour les esclaves ; que ces derniers rampent comme des reptiles, qu'ils se traînent d'un hémisphère à l'autre, pour baiser la trace des pas de leurs oppresseurs, une semblable conduite ne doit pas nous surprendre. Ensevelis, pour ainsi dire, dans une stupidité barbare (3) ; conduits par l'ignorance la plus crasse, compagne de l'erreur, ils ne savent ni penser ni sentir; mais nous, dont la raison est étayée sur des principes solides; nous, qui sommes marqués du sceau de l'enthousiasme national, opposons-nous, de toutes nos forces, à ce qu'on flétrisse désormais notre glorieuse mémoire, à ce qu'on blesse impunément nos intérêts communs : *vinci aut mori,* telle est la devise que nous avons prise, du moment que *Napoléon* s'est ressaisi des rênes du gouvernement français.

Mes frères d'armes, serait-ce en vain que nous aurions adopté cette belle devise? souffririons-nous que l'ennemi nous réduisît à une condition plus fâcheuse que celle dont nous avons joui jusqu'à présent? jurons, oui, jurons sur l'autel de la patrie, d'épargner à l'amour propre français la juste douleur d'une dégradation méritée. Si nous avions la bassesse de nous oublier au point qu'on dût profiter de notre lâcheté, nous serions hués par l'écume du peuple, et la malignité profiterait d'une occasion aussi favorable, pour allumer contre nous une guerre d'épigrammes et de sifflets.

Ajoutons que, dans les circonstances fâcheuses où doit se trouver nécessairement la cour de Vienne, il en est une sur laquelle nous nous permettrons de faire de sérieuses réflexions, et de les adresser au souverain même qui en est le principal objet ; c'est au sujet du refus opiniâtre de l'empereur d'Autriche, qui s'oppose formellement à ce que Marie-Louise et son fils, le roi de Rome, viennent joindre Napoléon ; puissent nos observations l'engager promptement à céder à nos instances ; nous lui dirons :

« Père insensible, vous n'avez donc

» jamais connu le pouvoir de l'amour?
» par quel esprit de contrariété avez-
» vous pu passer si subitement de
» l'affection au mépris, de l'estime à
» l'outrage? serait-il vrai que les sen-
» timens de tendresse qui tirent leurs
» principes de la nature, se fussent
» affaiblis de manière à détruire dans
» votre cœur ces douces émotions faites
» pour le captiver? vous montreriez-
» vous cruel au point d'assujettir votre
» propre fille aux droits humilians de
» la pitié ? se verrait-elle condamnée
» à ne plus mériter de votre part un
» souvenir paternel ? à Dieu ne plaise
» d'offenser ici vos nobles sentimens ;
» nous ne cherchons qu'à vous guérir,
» s'il est possible, de cette orgueilleuse
» dureté qu'on ne trouve même pas
» dans les classes ordinaires. Aussi le
» refus constant que vous manifestez,
» en vous opposant à la réunion de

» deux ames, que de mutuelles affec-
» tions ont enchaînées pour la vie, de-
» vient, sous tous les rapports, entière-
» ment déplacé. D'une autre part,
» tenir dans la perplexité l'imagination
» errante d'une femme éplorée, qui
» ne sait ni ce qu'elle doit craindre, ni
» ce qu'elle doit espérer, nous semble
» un supplice également affreux pour
» deux objets qui se cherchent sans
» pouvoir se rencontrer.

» Le fils de NAPOLÉON, que Paris
» a vu naître, cet enfant chéri, après
» lequel son père soupire, et que les
» habitans de Lutèce aiment à l'ado-
» ration, voyez comme il tend vers le
» ciel ses mains encore faibles, pour im-
» plorer votre clémence! ah! si ce ta-
» bleau touchant n'est pas capable de
» vous émouvoir; si vous avez juré que
» leur union conjugale doive briser
» les liens qui les attachent l'un à

» l'autre, c'en est fait, il n'existe plus
» d'affections paternelles, on doit trai-
» ter de folles chimères la délicatesse
» des sentimens.

» Père inexorable, laissez-vous donc
» fléchir; et puisque votre fille ainsi
» que votre gendre ont reçu des mains
» de l'amour un gage précieux de leur
» hymen, faites du moins en sorte qu'ils
» se réunissent au plutôt, et que leur
» bonheur réciproque ne souffre plus
» d'altération; lui seul peut effacer le
» sentiment de leurs maux : dans le
» cas contraire, craignez, ô prince,
» oui craignez que le ciel dans sa co-
» lère ne déploie sur vous les bras de
» sa vengeance, et que les remords,
» suite inévitable de l'animosité pater-
» nelle, ne vous ouvrent la porte du
» repentir et des regrets les plus poi-
» gnans. »

On ne peut concevoir par quels sophismes d'une raison captieuse, le prince auguste qui donna le jour à Marie-Louise, et dont la conduite n'eut jamais besoin d'être éclairée, a pu dédaigner de répondre au vœu de la nature, et de joindre à une vie sans reproche des entrailles paternelles. Je n'ignore point que l'obéissance d'un fils ou d'une fille envers son père, doit être fondée sur un amour respectueux; mais je sais aussi que quoiqu'un père, au sein de sa famille, doive exercer tous les droits de souverain (comme il l'est en effet) il importe néanmoins que sa sévérité soit quelquefois tempérée par le sentiment de la tendresse.

On me saura peut-être gré, en terminant ce discours, de soumettre à la sagacité de mes lecteurs, quelques réflexions non moins intéressantes pour les souverains que pour les peuples.

Il existe des principes qu'on ne saurait répéter trop souvent.

« N'est-il pas vrai qu'un père est na-
» turellement le chef de sa famille ?
» N'est-il pas également vrai que la
» famille en se multipliant, devient un
» peuple, et que par la même raison
» le chef de famille devient un roi?
» N'est-il pas également vrai que le
» fils aîné se croit sans doute en droit
» d'hériter de son autorité, et que le
» sceptre se perpétue ainsi dans la
» même maison, jusqu'à ce qu'un *sol-*
» *dat heureux* ou un sujet rebelle de-
» vienne la tige première d'une nou-
» velle race? Il est donc hors de doute
» que lorsqu'un roi peut être comparé
» à un père, on peut réciproquement
» comparer un père à un roi; par là,
» il est facile de déterminer les devoirs
» du monarque par celui du chef de
» famille, et les obligations d'un père
» par celles d'un souverain.

» *Aimer, gouverner, récompenser*

» *et punir*, voilà, si je ne me trompe,
» ce qu'ont de plus pressant à faire un
» père et un roi.

» Un père qui n'aime point ses en-
» fans est un monstre : un roi qui
» n'aime point ses sujets est un tyran.
» On ne peut disconvenir que le père
» et le roi sont l'un et l'autre des ima-
» ges vivantes de Dieu, dont l'empire
» est fondé sur l'amour. On ne peut
» également disconvenir que la nature
» a fait les pères pour l'avantage des
» enfans, et que la civilisation a fait
» les rois pour la félicité des peuples ;
» mais comme l'homme dans son en-
» fance ignore ses véritables intérêts,
» et ne saurait pourvoir lui-même à
» son bonheur ou à sa sureté, de même
» le peuple, aveugle, téméraire et tur-
» bulent, ne forme, quand il est sans
» chef, que des projets vains et bi-
» zarres ; il n'a que des vues confuses,

» il ne sait ni ce qu'il doit vouloir, ni
» ce qu'il doit aimer ou craindre, et
» quelques mesures qu'il prenne, il
» n'en prend jamais aucune qui ne
» tourne à sa ruine.

» Il faut donc nécessairement un
» chef dans une famille et dans un état,
» comme il faut, au faîte d'une voûte,
» une pierre principale qui, dominant
» sur les autres, termine le cintre, et
» en asservisse l'assemblage. Mais si
» le chef est indifférent pour les mem-
» bres du corps social, ce qui ne peut
» venir que d'un amour excessif pour
» lui-même, il rapportera tout à lui;
» leur avantage sera toujours sacrifié
» au sien, et par leurs travaux, par
» leurs sueurs, il accroîtra son opu-
» lence : or, pour assurer son despo-
» tisme, il les tiendra dans l'esclavage;
» ils ne seront autre chose à ses yeux,
» que des instrumens faits pour servir
» à son chimérique bonheur.

» Quand, au contraire, ce sont la
» bienveillance et l'amour qui règlent
» les volontés du chef et qui dictent
» ses déterminations, il se fait entre
» lui et les membres de la société une
» circulation vitale, libre et volontaire,
» qui porte également à tous la santé,
» la vigueur et l'embonpoint ; tout
» alors concourt avec zèle au bien
» commun du corps entier : le chef
» surtout y trouve un solide avantage.

» Traiter avec bonté, ou sa famille
» ou ses sujets, c'est pourvoir à son
» intérêt propre. Quoique siége prin-
» cipal de la vie et du sentiment, la
» tête est toujours mal assise sur un
» tronc maigre et décharné.

» Même parité entre le gouvernement
» d'un état et celui d'une famille. Le
» maître qui régit l'une ou l'autre a
» deux objets à remplir : l'un, d'y faire
» régner les mœurs, la vertu et la piété;

» l'autre, d'en écarter le trouble, le
» désordre et l'indigence.

» C'est l'amour de l'ordre qui le doit
» conduire, et non pas cette fureur de
» dominer, qui se plaît à pousser à
» bout la docilité la mieux éprouvée.
» L'enfant et le sujet ont des vues trop
» bornées pour se gouverner par eux-
» mêmes; mais ils sont assez clair-
» voyans pour découvrir les fautes de
» ceux qui les gouvernent mal.

» Le pouvoir de *récompenser* et de
» *punir*, est le nerf du gouvernement.
» Dieu lui-même ne commande rien,
» sans effrayer par des menaces et in-
» viter par des promesses. Tout légis-
» lateur doit suivre la même règle;
» mais il serait dur et injuste de ne faire
» que menacer les rebelles, sans en-
» courager en même temps les sujets
» dévoués par des promesses enga-
» geantes. Les lois romaines, qui sont

» conformes en ce point à celles de
» tous les peuples, défendaient, sous
» des peines grièves, de commettre
» aucun meurtre d'autorité privée;
» elles décernaient la couronne civi-
» que à celui qui sauvait la vie d'un
» ou de plusieurs citoyens.

» Les deux mobiles qui font ordi-
» nairement agir le cœur humain, sont
» l'espoir et la crainte. Pères et rois,
» vous avez dans vos mains tout ce
» qu'il faut pour toucher ces deux pas-
» sions; mais songez que l'exacte jus-
» tice est aussi soigneuse de récom-
» penser, qu'elle est attentive à punir.
» Dieu vous a établis sur la terre ses
» substituts et ses représentans; mais
» ce n'est pas uniquement pour y ton-
» ner, c'est aussi pour y répandre des
» pluies et des rosées bienfaisantes. »

Mes frères d'armes, il en est des
guerres étrangères comme des guerres

intestines; qu'elles soient intérieures
ou extérieures, c'est toujours l'action
des évènemens et des circonstances
qui prépare le bonheur, ou qui conduit
à la perte. Nous devons conclure de là
que ce sont ordinairement les situations
qui nous maîtrisent : celle où nous
nous trouvons, ainsi que la France en-
tière, doit prendre sa source, pour
notre salut, dans une volonté déter-
minée, dont le caractère énergique
ne puisse point se démentir, et capable d'en imposer à la supériorité même.
Quiconque oserait s'élever contre ce
principe, décélerait une ame abjecte,
plutôt faite pour l'esclavage que pour
l'indépendance; mais si jamais nous
abusions du nom auguste de liberté,
en le faisant servir à introduire chez
nous la licence et l'anarchie, cette
noble idée que nous aurions conçue
de notre propre estime, se changerait
bientôt en dominatrice despotique;

et tout serait perdu. La France inon-
dée d'un déluge de sang, offrirait un
spectacle d'autant plus horrible, qu'on
aurait épuisé sur elle tout ce que la
barbarie a de plus cruel et de plus affreux. Nous verrions se rallumer de
nouveau les torches révolutionnaires;
des tyrans abominables, dont le ciel
aurait dû purger la terre depuis long-
temps, porteraient la désolation jusqu'au sein de nos familles (4).

C'est en vous, mes frères d'armes,
que se repose aujourd'hui le salut de
l'état; c'est également en vous que
la nation française a fondé tout son
espoir; vous en êtes les colonnes iné-
branlables, et en fraternisant de cœur
et d'ame avec les troupes de ligne, que
vous devez regarder comme des libé-
rateurs du despotisme, vous verrez ces-
ser les orages dont nous sommes menacés. Montrez-vous fermes au dedans,

quand les circonstances le permettront, et laissez à vos camarades de ligne le soin d'agir au dehors ; ils auront bientôt dissipé toutes ces armées formidables qu'on nous prône, et qui trouveront immanquablement leur tombeau sur notre sol, s'ils ont l'audace de s'y présenter. *Vis unita fortior*, c'est-à-dire, qu'on est fort et puissant, quand l'union la plus parfaite règne dans les accords, principalement lorsqu'on nous force à nous munir d'armes et de canons pour défendre notre territoire.

Accoutumées à braver les dangers, quand même le mal serait inévitable, nos braves troupes de ligne commandées par des chefs expérimentés, ne craindront pas la mort : elles savent *qu'elle n'est rien tant que nous sommes, et que quand elle est, nous ne sommes plus.* En conséquence de ce principe, il n'est point d'obstacles qu'elles ne

surmontent , il n'est point d'ennemis
à combattre dont elles ne viennent à
bout. Excitées par ce sentiment noble
qui leur ouvrit la carrière des armes ,
elles voleront au champ d'honneur
avec ce sang-froid, cette sécurité qui
nous porte à des actions d'éclat, et que
des ames pusillanimes, que rien ne
pique ni n'éveille, sont assez malheu-
reuses pour ne pouvoir pas en faire
un objet de leur culte.

Mes frères d'armes, la plus recom-
mandable des vertus, que je nomme
courage, doit nécessairement s'enflammer et s'agrandir à l'aspect du danger.

Puisse-t-elle vous faire pousser l'héroïsme jusqu'à renverser les barrières
que l'ennemi commun aura vainement
construites pour sa propre défense.

Puisse-t-elle vous apprendre qu'on
ne met un prix à la valeur qu'autant
qu'elle est progressive , et qu'on peut

réunir sous l'étendard de la patrie toutes les vertus martiales.

Braves soldats de l'armée française, je regrette de n'avoir pas l'éloquence d'un Démosthène pour enflammer votre courage. Si mes forces presque éteintes me permettaient de tirer encore l'épée, vous me verriez marcher à votre tête, et je m'estimerais heureux de pouvoir mourir pour mon prince et pour le salut de la patrie.

Et vous, comte Bertrand, vous le seul ami qui, dans sa disgrace, resta fidèle à Sa Majesté NAPOLÉON, daignez agréer le tribut de reconnaissance que vous rend aujourd'hui par ma voix la nation française. Si votre constante amitié (5) pour NAPOLÉON ne s'est point démentie, c'est parce que les liens volontaires que forme ordinairement la sympathie, n'ont pour base que la droiture et la pureté du cœur.

F I N.

NOTES.

(1) J'ai cru devoir m'approprier ici le titre de frère d'armes, parce que j'ai fait dans ma jeunesse les trois premières campagnes d'Hanovre. Les cicatrices honorables que j'en porte sur mon corps, sont une preuve sensible de cette vérité ; mais comme aujourd'hui je me vois accablé du poids de soixante-quinze ans, si je ne puis servir de mon épée l'Empereur des Français, je me ferai du moins gloire de le servir de ma plume. Toute faible qu'elle doit paraître, je la consacrerai entièrement aux vérités d'éclat ; c'est-à-dire, que je célébrerai de mon mieux les exploits guerriers.

Soit qu'on écrive en vers, soit qu'on écrive en prose, il faut toujours faire en sorte de rendre ses travaux utiles. On attache un prix bien modique aux talens de l'esprit, lorsqu'ils ne peuvent contribuer en aucune manière au bonheur des hommes.

(2) L'histoire nous apprend que les Romains condamnaient leurs fils à la mort, que les Grecs immolaient leurs filles aux dieux, et qu'au Malabar les femmes se précipitaient vivantes dans des bûchers enflammés. D'après ces exemples, et s'il est vrai, comme on l'assure, que les ames dans tous les pays du monde se ressemblent par leur nature, craindrions-nous d'affronter la mort, quand tous les potentats ligués ensemble, ont conçu le dessein pervers de dévaster nos plus belles contrées. Il faut espérer, du moins je l'augure, que plus nos ennemis nous opposeront de grands obstacles, plus ils se verront exposés à des périls imminens.

A Sparte, comme dans toute la Grèce, les jeunes gens regardaient comme une action louable de se dévouer entièrement pour la patrie, surtout lorsqu'elle était en danger. Les mères, en présentant à leurs enfans ces boucliers précieux, auxquels on attachait un prix incalculable, leur défendaient expressément de s'en dessaisir, à quel prix que ce fût. Il n'y avait point de milieu, ou il fallait mourir sur le champ de bataille, ou si l'on ren-

trait dans la maison paternelle , devait-on au
moins être muni de son bouclier. La belle ins-
titution! Pourquoi n'en existe-t-il pas une semblable en France? Ah ! pourquoi ? le problême
n'est pas difficile à résoudre ; nous sommes
Français , et nous n'avons ni les mœurs , ni
le caractère des Spartiates. D'agréables riens,
une épigramme, une chanson , la toilette des
belles, voilà ce qui nous occupe.

(3) Ce n'est pas sans raison qu'un auteur du
dernier siècle , en parlant des souverains ,
compare ces derniers à des véritables pères de
familles. Pour peu qu'on y réfléchisse, on
s'aperçoit aisément que cette comparaison est
fondée sur la nature et sur l'origine même de
la royauté ; mais comme la plupart des souverains, je dirai presque tous, ne visent qu'au
même but , qu'ils ne cherchent qu'à s'agrandir
aux dépens des peuples, en oubliant qu'ils
sont hommes ainsi que leurs sujets, ce sont
toujours des abus condamnés par d'autres
abus.

Germanicus, dont le nom sera long-temps
célèbre , ne fut vénéré dans Rome que parce

qu'il était vertueux, et qu'il goûtait un bien suprême à rendre heureuse la nation qu'il gouvernait en père ; mais pour un Germanicus, combien de Néron, combien de Caligula !

(4) C'est ordinairement dans les classes inférieures de la société, qu'on peut prendre une connaissance exacte de tous les crimes qui se commettent, soit à la ville, soit à la campagne. Il est présumable que ceux qui se signalent ordinairement par des meurtres horribles, n'ont jamais donné la moindre preuve d'une éducation soignée, puisqu'il est reconnu que l'ignorance est la mère du vice. Combien de scélérats, traduits aux tribunaux, auxquels on a demandé s'ils savaient lire, ont répondu par la négative, c'est-à-dire, qu'ils n'avaient jamais appris à connaître de lettres de l'alphabet. On ne saurait donc trop exciter l'attention ministérielle d'établir, gratuitement, des écoles pour les classes les plus indigentes de la société. Les fautes les plus graves, je veux parler de celles marquées au coin du crime, ne doivent être attribuées qu'au manque d'éducation et d'instructions

morales. Conséquemment, c'est à la sagesse
de ceux qui nous gouvernent qu'appartient le
droit d'arrêter les torrens du vice, et de prévenir toutes les horreurs du crime.

(5) L'amitié fut toujours regardée par les
hommes qui pensent, comme une affection
désintéressée, mais fondée sur la reconnaissance : il faut considérer l'amitié comme un
mariage spirituel, qui établit entre deux ames
un commerce général et une correspondance
parfaite. Ses apanages consistent principalement dans une confiance et une bienveillance
mutuelles. La bourse et le cœur doivent être
ouverts pour un ami, et il n'est point de cas
où l'on puisse les lui refuser.

Fin des notes.